LABYRINTH HERZ

NAIAD

THE POETICS
PUBLISHING

Englische Originalausgabe erschienen unter dem Titel
Labyrinth Heart

The Poetics Publishing ist ein Imprint der The Poetics GmbH – ein Verlag und Softwareunternehmen mit Sitz in Zug, Schweiz.

Für Anfragen: naiad@thepoetics.eu

ISBN 978-3-03971-017-1 Taschenbuch
ISBN 978-3-03971-018-8 Gebundene Ausgabe
ISBN 978-3-03971-019-5 E-book

The Poetics GmbH
Hasenbüelweg 34
6300 Zug – Schweiz

Für diejenigen,
die sich in ihren
eigenen Herzen verlieren –
ich hoffe, dass wir uns alle
gegenseitig nach Hause
begleiten können und
wenn nicht, dann lasst
uns wenigstens gute
Gesellschaft sein.

Die Dinge, nach denen wir greifen — Pflanzen strecken sich zur Sonne, Menschen zum Himmel hin – immer aufwärts und vorwärts. Doch letztens ertappe ich meine Hände dabei, wie sie nach der Erde greifen. Danach greifen, wo das Leben herkommt. Nach etwas greifen, das mich erdet. Um mich daran zu erinnern, dass es immer Zeit genug gibt, um zu den Sternen zurückzukehren und an das zu denken, was noch kommen wird. Aber mich daran zu erinnern, was es ist, das mich in genau diesem Moment trägt. Um meine Vergangenheit nicht zu vergessen. Um sie als etwas zu sehen, das zwar unsere Wurzeln festhält, und doch sind wir frei in jeder Richtung und Form über sie hinauszuwachsen. Ich greife nach der Erde, um mich daran zu erinnern, dass alles, was geworden ist, einst durch den Schlamm gegangen ist. Dass das Leben zwar im Dunkeln beginnt, doch enden wird es im Sonnenlicht.

Tritt ein in das Labyrinth,
in die Korridore eines Herzens,
das nicht einmal weiß,
wo es endet und wo es beginnt.
Komm herein und sieh,
dass du nicht die einzige Person bist,
die umherwandert auf der
Suche nach einem Sinn,
nach Heilung, nach Liebe.
Und vielleicht geht es nicht darum,
den Weg aus sich selbst hinauszufinden,
vielleicht geht es darum, tiefer
hineinzugehen und zu entdecken,
welche verborgenen Schätze
in der Mitte all dessen liegen,
was du verloren glaubtest.

Eigentlich ist es egal,
wer schuld war und
ob wir die Richtigen
füreinander waren
oder wieso wir uns
die Herzen brechen.
Auch die besten Menschen
brechen ihre Versprechen.

Du liebtest mich
und ich liebte dich,
bis wir es eines Tages
nicht mehr taten.
Unsere Geschichte
ist einfach erzählt,
aber schwer zu leben.

Wir sind die Verlorenen — Die, denen kein Bruder herbeieilt, um sie zu rächen. Keine Schwester, die sich um uns kümmert. Keine Mutter, kein Vater, die ihr ganzes Leben damit verbringen, nach uns zu suchen. Wir sind diejenigen, die dort gelandet sind, wo sie landen mussten, weil es keinen anderen Weg gab. Eine Tragödie, aber nicht so, wie wenn wir zu denen gehören würden, die hätten gerettet werden können. Niemand, der um uns weint, niemand, der um uns trauert, keine Beerdigungen mit gesenkten Köpfen. Wir sind die Verlorenen. Diejenigen, die dorthin gehören, wo sie sind, weil wir sonst niemanden haben, zu dem wir gehören.

Du hast meine Stille
nie verstanden,
deswegen hast du auch
meine Worte nie empfangen.

Ich wünschte, es gäbe einen Weg,
dich all das fühlen zu lassen,
was ich gerade fühle.
Damit du das Brennen deines
eigenen Feuers spürst,
damit dein Herz zerrissen wird,
damit du fühlst, wie
es ist, alles gegeben zu haben
und mit nichts
zurückgelassen zu werden.
Damit du verstehst, wie
es ist, jemanden zu lieben,
der nur sich selbst lieben kann.

Ich schicke meine Gedanken hinaus
auf die Suche nach was Neuem,
doch sie kommen immer
nur mit dir zurück.

Wie Herzen zerbrechen, ohne den Boden zu berühren — Liebe kann dein Herz so oft brechen, ohne dir jemals nah zu kommen. Sie ist wie die Luft, die dich umbringt, nicht wenn sie hier ist, sondern wenn sie weg ist. Wie das Messer, das zwar wehtut, doch solange es in dir bleibt, wirst du es schon irgendwie schaffen. Erst wenn du es entfernst, erst wenn du dessen Abwesenheit spüren musst, blutest du aus.

Mädchen wie ich sind geboren
mit Trauer im Herzen und verloren.
Schmerz ist uns vertraut und nah,
wie unsere Namen, immer da.

Und allein spät nachts
vergesse ich all die Male,
an denen du mir das Gefühl
gabst, nichts wert zu sein.
Stattdessen erinnere ich mich
daran, wie es sich anfühlte,
von dir geliebt zu werden.
Ich vergesse die Dornen
und fühle nur die Blütenblätter.
Ich vergesse die Zähne
und spüre nur deine Lippen.
Für einen Moment vergesse
ich den Wolf in dir,
für einen Moment erinnere
ich mich an dich als
einen Jungen, der nur
geliebt werden wollte.

Es ist einfacher,
deine Abwesenheit zu begehren,
irgendwie sind die Gefühle wahrer.
Das Herz schmerzt zwar,
doch der Verstand ist klarer.
Denn wann immer du bei mir bist,
ist deine Liebe nur schwer zu verstehen,
wann immer du bei mir bist,
kann ich einfach nicht das Gute sehen.

Eine Wette gegen die Welt — Das Leben steht vor mir wie eine geladene Waffe. In dieser Welt zu existieren, ist wie eine Mutprobe, wie eine Wette, die man eingehen muss. Trau dich glücklich zu sein, trau dich, dich zu verlieben, trau dich, der zu sein, der du sein willst – trau dich und schau, wie das für dich endet. Trau dich und schau, wie dir alles weggenommen wird. Trau dich und schau, was passiert, wenn du der Sonne zu nahekommst. Trau dich und schau, was die Welt aus dir macht, wenn du anfängst zu glauben, dass du es doch wirklich wert bist, geliebt zu werden, dass du das Recht auf Glück hast. Trau dich und schau, ob dieser Ort sich für deine Rechte interessiert. Trau dich und schau, ob die Welt jemals eine Wette verlorenen hat.

Wenn das Leben eine einzige
Umdrehung auf der Uhr ist,
dann waren wir die zwei Zeiger,
die sich nur einmal berühren konnten.

Sie sagen mir, dass die Liebe
endlos ist, dass man
sie nie aufbrauchen kann,
doch ich gab all meine
an dich und habe nun
keine mehr übrig für mich.

Sie war eine, die immer
zwischen den Dingen stand.
Gefangen zwischen Gehen und Bleiben,
Lieben und Hassen,
zwischen Bedauern und Erleichterung,
Vernunft und Wahnsinn.
Sie möchte sich anderen öffnen
und sehnt sich doch nach Sicherheit.
Sie möchte gehalten werden, doch
fürchtet sich in den Armen anderer zu verlieren.
Gefangen zwischen
dem Verlangen nach Liebe
und der Furcht davor.

Wie ein Komet hast du mein Leben erhellt.
Ich dachte, deine Liebe würde für immer bleiben,
doch das Schicksal ließ uns auseinandertreiben.
Dein Feuer erlosch und ließ mich im Dunkeln.
Du kamst und gingst wie ein Komet,
kurz hier und dann auch schon wieder weg.

Liebe ist für immer und dann ist sie vorbei — Sie sagen mir, es sei besser geliebt und verloren zu haben, als gar nie geliebt zu haben. Doch ich liege hier jede Nacht und frage mich, ob das, was wir hatten, es wert war. Und ich möchte in der Zeit zurückgehen und mir selbst sagen, dass es wahr ist, dass solche Liebe existiert, die Art von Liebe, über die du liest, nach der du dich sehnst – sie ist echt. Aber der Teil, von dem sie dir nie erzählen ist, dass nur weil die Liebe echt ist, es nicht bedeutet, dass sie für immer anhalten wird. Manchmal ist Liebe nicht genug, auch wenn sie es sein sollte.

Meine Gedanken wandern umher,
doch finden keine Pfade mehr,
ohne die Orte zu besuchen,
denen ich zu entkommen versuche,
zu dir, zu mir und was mal war.
Mein Kompass, er zeigt ohne Rast
nur in eine Richtung, zu dir, zur Last.
Ich kann nicht anders, ich folge ihr,
denn alle Wege führen zu dir.

In jedem Gesicht, das ich sehe,
such ich immer noch nach dir.

Wenn wir alle bloß
Gewohnheitsmenschen sind,
dann bist du die Gewohnheit,
die am schwersten zu brechen ist.
Doch ich bin mir nicht sicher,
ob ich es überhaupt versuche.
Ich bin mir nicht sicher,
ob ich es überhaupt möchte.

Von Traurigkeit und guten Töchtern — Traurigkeit möchte schreien und wüten und brüllen, doch stattdessen, wie eine gute Tochter, versteckt sie sich im Dunkeln, versteckt sie sich in der Stille. Wie eine gute Tochter sieht Traurigkeit nach außen hin aus wie jemand, der ruhig ist, jemand, der nett ist, jemand, der nicht zurückkämpft, sich nicht wehrt. Wie eine gute Tochter bleibt Traurigkeit bei dir, auch wenn sie eigentlich gehen möchte. Traurigkeit wird immer zu dir gehören, egal wie sehr ihr euch entfremdet, egal wie sehr du versuchst sie abzuschütteln. Wie eine gute Tochter verlässt die Traurigkeit dich nie.

Du kannst ihn nicht durch Wünschen
dazu bringen, dich zu vermissen,
du kannst ihn nicht durch Beten
dazu bringen, dich zu lieben,
du kannst dir nicht einen Weg
in sein Gedächtnis weinen
oder deinen Weg in sein Herz bluten.
Er liebt dich nicht.
Was gibt es da noch zu sagen?
Er liebt dich nicht,
egal, wie sehr du es tust.

Die Risse im Asphalt
erinnern mich daran,
dass die Risse
in meinem Herzen
vielleicht gar nicht
so schlimm sind,
erinnern mich daran,
mich wieder zu öffnen,
vielleicht sogar zu fühlen.
Immerhin soll auch
zwischen den Rissen
manch Blume blühen.

Dieser Körper hat immer noch
seine Erinnerungen
und ich befürchte, dass ich
dich nie loswerde, dass
etwas in mir sich dir immer
entgegenstrecken wird.

Was ich mir für mich selbst wünsche — Ich glaube, ich war lange von der Idee besessen, andere zu lieben, ihnen Wärme zu geben, sie auf eine Art zu retten. Ich dachte, dass das alles irgendwie zu mir zurückkommen würde. Ich dachte, dass sie mich dann ebenso lieben und mir verzeihen würden für alles, was ich je getan hatte. Dass es auch mich dazu bringen würde, mich selbst zu lieben und mir zu verzeihen. Ich glaube, ich dachte, dass es am Ende auch mich retten würde.

Ich tu mein Bestes,
dich und Liebe nicht
als eins zu sehen.
Ich tu mein Bestes,
dich loszulassen
und trotzdem Liebe
in meinen Leben
zu behalten.
Ich tu mein Bestes,
um mit dir fertig zu sein,
aber nicht mit der Liebe.
Ich tu mein Bestes,
nicht mehr an dich,
aber immer noch an
die Liebe zu glauben.

Eine Erinnerung für dich — Denk daran, dass kein Schmerz, kein Liebeskummer und keine Trauer für immer sind. Im Moment kann es sich ewig anfühlen, aber eines Tages und das bald wird all das hier so weit weg und lang her erscheinen. Du wirst dich umsehen und feststellen, dass die Farben wieder bunter geworden sind, der Himmel heller, die Töne klarer – ohne dass du wirklich bemerkt hast, wann es passiert ist. Ich weiß, du kannst es jetzt gerade nicht sehen, aber dein Leben wird wieder einen Sinn ergeben, die Liebe wird ihren Weg zu dir zurückfinden und Glück wird etwas sein, das dir geläufig ist. Etwas Gutes ist zu Ende gegangen, doch lass dir das Hoffnung geben, dass auch die schlechten Dinge es tun werden.

Und wenn ich Menschen
bei jeder Gelegenheit nur so
mit Entschuldigungen überschütte,
ist vielleicht die Vergebung, die ich
am meisten brauche nicht die der
anderen, sondern die meine.

Menschen gehen einfacher,
als dass sie kommen,
wieso ist loszulassen,
dann so viel schwerer,
als sich festzuhalten?

Über jemanden hinwegzukommen — kann wie ein Ding der Unmöglichkeit erscheinen. Zumal das, woran wir uns am meisten erinnern, oft die besten Dinge sind. Wir spielen all die guten Erinnerung wieder und wieder ab und vergessen dabei, dass es meist einen Grund gab, warum etwas zu Ende gegangen ist. Ich denke, es ist in Ordnung, um das zu trauern, was wir verloren haben, egal wie lange es zu uns gehört hat (oder auch wenn es gar nie wirklich unser war), aber es ist auch wichtig, sich daran zu erinnern, warum wir überhaupt weggegangen sind. Wir neigen dazu, Dinge und Menschen aus unserer Vergangenheit zu romantisieren, was es uns manchmal schwer macht, zu erkennen, dass die Dinge, die wir jetzt haben und die Dinge, die wir eines Tages haben werden, so viel besser sind als all das, was wir zurückgelassen haben. Das Beste liegt noch vor dir, das verspreche ich dir.

Wann muss ich aufhören
auf uns zu hoffen?
Wann muss ich akzeptieren,
dass du nicht mehr zurückkommst,
dass es keine Nachrichten mehr von
dir geben wird, die auf mich warten,
in denen du sagst, dass du einen Fehler
gemacht hast und du mich vermisst,
dass ich alles bin, was du willst?
Wann muss ich die Illusion loslassen,
dass es noch einen Weg für uns gibt?
Wann muss ich zugeben, dass
richtige Person, falsche Zeit
eigentlich bloß bedeutet
falsche Person?

Ich habe mich so sehr entfernt
von der Person, die ich mal war.
An manchen Tagen erinnere ich
mich nicht einmal mehr an
das Mädchen, das es mal gab.
Und doch trauere ich um sie,
und doch wünsche ich mir sie zurück.
An manchen Tagen, da
vermisse ich mich selbst.

In deiner eigenen Umlaufbahn — Bitte mach dein Glück nie von jemand anderem abhängig. Menschen sind nicht immer für uns da, Menschen verletzen uns unweigerlich und Menschen machen Fehler. Ich weiß, dass sich Liebe wie die stärkste Form der Sucht anfühlen kann, und genau deshalb musst du lernen, auch ohne sie auszukommen. Denn wenn du das nicht kannst, erreichst du irgendwann den Punkt, an dem du bereit bist, alles zu tun, um auch nur das kleinste bisschen davon abzubekommen. Du wirst zulassen, dass andere dich so behandeln, wie sie gerade Lust darauf haben, solange sie dir nur ab und zu bisschen Aufmerksamkeit und bisschen Zuneigung schenken. Und du verdienst so viel mehr als das. So verdammt viel mehr. Lass nicht zu, dass jemand so sehr ein Teil von dir wird, dass du nicht mehr weißt, wo er aufhört und wo du beginnst. Dass du dich nicht von ihm trennen kannst, ohne dass du jegliches Gespür dafür verliest, wer du bist. Ohne dass du dich in Stücke reißen musst, um die Teile loszuwerden, die zu ihm gehören. Lass zu, dass Menschen zu deinem Glück beitragen. Aber lass nie zu, bitte nie, dass eine Person zum Mittelpunkt deines Universums wird, zu dem Ort, um den du dich kreist. Sei dein eigener Stern, deine eigene Sonne, denn du allein scheinst hell genug.

Ich will nicht, dass das Beste an mir jemand anderes ist.

Ich bin bloß hier und
hoffe, dass es stimmt, was
mir alle sagen. Dass der Tag
kommen wird, an dem
der Schmerz bloß noch eine entfernte
Erinnerung ist. Der Tag, an dem ich
in der Lage sein werde, in die Augen
eines anderen zu blicken
und nicht deine darin zu sehen.
Ich hoffe, der Tag wird kommen,
an dem ich über unsere guten Tage
lächeln kann, ohne an den Gedanken
der schlechten zu zerbrechen.
Der Tag, an dem ich erkenne,
dass dich zu verlieren
nicht das Ende war.

Auf der Suche nach einem Ort, an den ich hingehöre — Vielleicht ist der Grund, wieso es mich nicht so sehr ans Meer zieht wie andere, dass ich nicht nach Unendlichkeit oder einem endlosen Horizont suche. Was ich wirklich brauche, ist irgendwo hinzugehören. Dass meine Augen von den Bergen aufgefangen werden, die mir nicht die Sicht auf den Himmel versperren, sondern mich ihm näherbringen. Ich brauche keine Offenheit, kein scheinbares Nichts. Ich brauche Pfade, die von Bäumen gesäumt sind, deren Äste sich nach mir ausstrecken. Ich brauche etwas, das meine Haut berührt, das mir sagt, dass es für jeden einen Ort gibt, an den er hingehört. Ich will keine Freiheit, ich will ein Zuhause.

~~Ich wollte nur, dass du weißt…~~
~~Die Wahrheit ist, dass…~~
~~Ich muss dir sagen…~~

Ich glaube,
ich werde nie in der
Lage sein, dir zu sagen,
wie sehr du mich verletzt hast,
wie sehr ich dich immer noch vermisse,
wie sehr ich dich doch auch geliebt habe.

Ich steige und falle wie das Wasser in seinem Kreislauf — Wie der Regentropfen, der weiß, dass er erst fallen und sich tief in den Boden graben muss, so weit die Erde es zulässt. Dass er erst auf Grund treffen muss, um wieder aufsteigen zu können. Und wie ich aufsteigen werden. Sachte, sanft, unbemerkt. Mit dem Nebel, dem Tau, dem Dunst. Ich werde keinen Laut von mir geben, ich werde ahnungslos durch dich hindurchgehen. Doch aufsteigen, das werde ich. Ich werde neben dem sich zusammenbrauenden Sturm stehen, neben den sich sammelnden Blitzschlägen. Treibend in einer Brise, die sich bereit macht zu toben, tanzend mit den Wirbelstürmen. Ich steige sanft auf, doch ich komme herunter wie der Donner.

Lass die Verbrennungen den Beweis
dafür sein, dass meine Haut
einst Wärme empfunden hat
und was einst war,
wird wieder sein.
Lass es den Beweis dafür sein,
dass ich nicht unberührt von
dannen ziehen werde,
dass auch ich andere
berührt habe.

Ich bin nicht mehr, wer ich einst war — Veränderung ist etwas völlig Normales und Natürliches. Es ist nicht nur nichts Schlechtes, sondern sogar etwas Notwendiges für deine eigene Weiterentwicklung. Es ist in Ordnung, andere Dinge zu wollen, zu mögen, zu genießen und sich entsprechend anzupassen. Wir lernen und dann ändern wir uns. Manchmal Stück für Stück, in winzigen Schritten wie ein Sonnenaufgang, bis sich die Dunkelheit in Licht verwandelt hat, ohne dass jemand bemerkt hätte, wann und wie es genau geschehen ist. Und andere Male plötzlich, wie ein unerwarteter Regenschauer, wie ein Sturm, der sich alles auf einmal entlädt. Und beides ist in Ordnung. Ändere deine Einstellung, ändere deine Leidenschaften, ändere dein Aussehen (oder auch nicht), aber was auch immer du tust, entschuldige dich nicht dafür, dass du nach vorne gehst und entschuldige dich nicht dafür, dass du versuchst herauszufinden, was dich glücklich macht.

Es ist schon merkwürdig,
doch manchmal braucht es
Abstand, um sich
wieder näher zu kommen.
Manchmal musst du etwas
loslassen, damit es zu
einem Teil von dir wird.
Manchmal musst du gehen,
um zu verstehen, dass du
doch eigentlich bleiben möchtest.

Sie war nie etwas — das die Welt um sie herum einfach nur widerspiegelte, etwas, das die Dinge in die Hand nahm und sie wieder zurücklegte. Nein, sie wurde zu den Dingen um sie herum, sie nahm deren Energie, deren Licht, deren Farbe auf. Wenn sie Dinge berührte, berührten diese sie zurück, wurden zu einem Teil von ihr. Sie musste nie nach oben greifen, um die Sterne zu berühren, denn sie kamen zu ihr, streckten sich ihr entgegen. Und wenn das Licht der Sterne sich über ihre Haut goss, machte das Licht sich ein Zuhause in ihr. Es schmiegte sich in ihr Haar wie der Nachthimmel, in ihre Augen wie die beiden Monde des Mars und drang bis in ihre Knochen und die Tiefen ihrer Seele vor wie das Universum – das Sternenlicht verließ sie nie.

Einst glaubte ich, dass
etwas Liebe besser ist als keine,
dass eine schmerzende Berührung besser
ist, als gar nicht berührt zu werden.
Einst glaubte ich, dass
zweite Wahl zu sein besser ist,
als gar nicht gewählt zu werden,
dass jemand, der mir wehtut, immer
noch besser ist, als allein zu sein.
Einst glaubte ich, dass
ich nehmen muss, was ich kriegen
kann, aber jetzt nicht mehr.
Jetzt glaube ich daran, dass
ich dasselbe verdiene wie
jeder andere auch,
eine Liebe, die teilt,
eine Liebe, die heilt.

Die Vielfältigkeit in uns — Du kannst Donner und Sturm in dir haben und trotzdem Frieden kennen, trotzdem anderen Frieden bringen. Du kannst ein abgehärtetes Herz haben und trotzdem Menschen auf die sanfteste Weise berühren. Du kannst die Kälte in dir spüren und trotzdem Wärme finden. Jeder Einzelne von uns ist so hochkomplex und kompliziert und schwierig und voller Widersprüche, doch das liegt in der Natur aller Dinge. Wir alle tragen die Möglichkeit in uns jede Art von Mensch zu sein, und das auch zu verschiedenen Zeiten und zu verschiedenen Personen. Und manchmal erkennen Menschen Facetten von dir, die du noch nie bemerkt hast oder von denen du dachtest, dass du sie verloren hättest oder erst gar nie gehabt hast. Das ist die Schönheit von menschlichen Beziehungen – so gesehen zu werden, wie wir sind, in all unseren Bruchstücken. Und dass wir schlussendlich dadurch, dass wir von anderen erkannt werden, beginnen auch uns selbst zu erkennen.

Was einmal war — Es ist einfacher, über Schmerz zu reden, der vergangen ist. Schmerz, der nicht mehr wehtut. Es ist einfacher, über Kämpfe zu sprechen, die ich bereits gewonnen habe. Hürden, die bereits überwunden wurden. Darüber zu sprechen, wie ich einst am Boden lag, während ich bereits wieder aufrecht stehe. Es ist einfacher, über Heilung zu sprechen, wenn ich die Arbeit dahinter bereits geleistet habe. Aber ich habe nie gewusst, wie ich über den Schmerz sprechen soll, der noch da ist, über offene Wunden, über Schwächen, die sich noch nicht in Stärken verwandelt haben. Wenn ich also gefragt werde, wie es mir geht, sage ich, dass es mir gut geht, denn ich kann nicht über den Schmerz sprechen, der noch zu mir gehört.

Ich wusste, dass du eines Tages
zu mir zurückkommen würdest.
Ein Täter kehrt immer an den
Ort des Verbrechens zurück.

Ein Soldat vermisst den Klang des Krieges — Ich glaube, dass wir oft, besonders wenn wir jung sind (aber eigentlich jederzeit), Beziehungen und Freundschaften erleben, die sehr chaotisch und aufwühlend sind. Und wir sind alle noch dabei zu lernen, was Liebe überhaupt bedeutet, ganz allgemein aber auch für uns selbst, was wir von ihr wollen und was wir brauchen. So halten wir uns manchmal an Menschen fest, die uns verletzen, Menschen, die wir im Gegenzug genauso verletzen, und wir wachsen in dem Glauben auf, dass Liebe so aussehen sollte. Wenn wir uns dann in einer gesunden Beziehung wiederfinden, können wir das Gefühl bekommen, dass irgendetwas fehlt. Jemand, der immer nur Krieg erlebt hat, lernt erst nach einer Weile, was es bedeutet, in Frieden zu leben, was es bedeutet, nicht mehr alles in Frage zu stellen und sich um sein Überleben kümmern zu müssen. Und es ist wahr, dass das gemeinsame Durchleben harter Zeiten zwei Menschen enger aneinanderbinden kann, aber es gibt einen Unterschied zwischen der gegenseitigen Unterstützung in solchen Zeiten und dem absichtlichen gegenseitigen Verletzen, dem Legen von Bränden, nur um was zu fühlen. Und ich möchte, dass du dir merkst, dass man nicht gemeinsam ein Trauma erleben muss (oder es sich sogar gegenseitig zufügen), nur um seine Liebe zu beweisen.

Du verdienst eine Liebe,
die laut und deutlich ist,
gib dich nicht mit
Fragezeichen zufrieden.

Manchmal musst du Dinge verlieren — von denen du dachtest, sie seien ein fester Bestandteil von dir – Freunde, einen Job, eine Beziehung, ein Zuhause oder eine Leidenschaft – um zu erkennen, dass keines dieser Dinge dich zu dem gemacht hat, was du bist. Manchmal braucht es Misserfolge und einen erzwungenen Richtungswechsel, um zu erkennen, dass der Weg, den du bisher gegangen bist, der falsche war. Manchmal musst du auf deine Fehler und deine Widersprüche hingewiesen werden, um zu erkennen, dass etwas nicht stimmt, dass du mit dir selbst nicht im Reinen bist. Manchmal müssen Chancen dir entgleiten, damit du deine Augen für neue öffnen kannst und nächstes Mal mutig genug bist, sie zu ergreifen. Manchmal musst du die eine Sache verlieren, von der du dachtest, du willst sie mehr als alles andere, um zu erkennen, was du wirklich brauchst. Nicht jedes Ende ist ein Verlust und nicht jeder Verlust ist von Dauer. Also sei bereit, Veränderung anzunehmen, manchmal ist das alles, was es braucht.

Lass nicht zu, dass jemand, der
sich seiner eigenen Gefühle und
Wünsche nicht im Klaren ist,
dir die Klarheit darüber nimmt, was
du wert bist und was du verdienst.

Ließ mich selbst im Stich,
stellte alles auf Halt
wartend auf dich,
doch du ließt mich kalt.

Gutgemeintes — Manchmal sagen Leute Dinge, wie „du bist das Beste an mir“ und „meine bessere Hälfte.“ Früher dachte ich, dass es etwas Wunderschönes ist, und sehnte mich nach dieser Art von Liebe, dieser Art von Bindung zu einer anderen Person. Bis ich anfing, mehr darüber nachzudenken und feststellte, dass dies zwar aus Liebe und Bewunderung für eine andere Person gesagt wird, aber das Selbst dabei völlig außer Acht gelassen wird. Und plötzlich wurde es zu einer traurigen Aussage für mich. Denn ich habe nicht den Wunsch, mich von mir selbst abzuwenden, von meinem Körper, der mir so vieles gegeben hat, von meinem Geist, der sich ständig weiterentwickelt und wächst. Das Beste an mir kommt aus meinem eigenen Innern und ist nicht etwas, das mir erst von außen von jemand anderem hinzugefügt werden muss. Andere können einen besseren Menschen aus uns machen, sie können das Beste in uns zum Vorschein bringen, aber genau das ist es ja – sie bringen es aus uns heraus, aus unserem Innern, wo es schon die ganze Zeit als ein Teil von uns existiert hat. Andere Menschen können uns verändern, aber sie erschaffen uns nicht. Du bist die einzige Person, die dich zu der Person macht, die du bist, und das Beste an dir bist immer du selbst.

Vielleicht verirren wir uns nur,
um uns gegenseitig wiederzufinden.

Und manchmal liegt es nicht an ihnen, sondern an dir — Ich denke, irgendwann wird uns allen klar, dass es keine Möglichkeit gibt, vor uns selbst wegzulaufen und zu entkommen. Dass vielleicht die einzige Konstante im Leben die ist, dass man immer sich selbst haben wird, im Guten wie auch im Schlechten. Trotzdem, wenn wir unglücklich sind, schieben wir das oft auf Dinge wie unseren Job oder einer fehlenden Liebesbeziehung. Und obwohl all diese Dinge eine Rolle spielen können, sind wir in Wahrheit doch meist nur mit uns selbst unzufrieden. Mit den Teilen von uns, von denen wir nicht wissen, wie wir sie akzeptieren, wie wir sie lieben, wie wir sie anderen Menschen zeigen können. Und solange das so ist, werden wir nie wirklich glücklich. Aber wenn wir lernen, uns selbst zu akzeptieren und zu lieben, mit allem, was zu uns gehört, dann werden wir, egal was sonst noch in unserem Leben passiert, immer in Frieden mit uns selbst sein. Wir werden immer etwas haben, das uns erdet und uns vor den Problemen der Welt Zuflucht bietet. Wenn also das Einzige, was dir in diesem Leben garantiert wird, der Fakt ist, dass du immer dich selbst haben wirst, dann entscheide dich dafür, dies zu einer Stärke und zu einem Trost zu machen. Sei dir der Freund, sei die Liebe, sei die Familie, die du immer wolltest, die du immer gebraucht hast. Entscheide dich aus dir ein Zuhause zu machen. Einen Ort, an den du dich nach einem harten Tag zurückziehen kannst, weil du immer da sein wirst, um dich aufzufangen.

Sie trägt ihre
Vergangenheit mit Stolz
wie der Nachthimmel,
jede Narbe ein Stern,
jedes bisschen von ihr
auf so perfekte Art chaotisch
wie das Universum.

Die Menschen, die wir uns aussuchen — Die Menschen in deinem Umfeld, die Menschen, an die du deine Zeit und Energie gibst, haben so einen großen Einfluss auf dich und dein Leben. Wähle sie also weise und mit Bedacht. Wähle Menschen, die dich bedingungslos lieben, die dich unterstützen, die das Gute in dir sehen und dich daran erinnern. Menschen, die voller Leidenschaft und Träume und Interessen sind. Menschen, die neugierig, offen und einfühlsam sind, aber auch Menschen, die dich zur Rede stellen, wenn nötig. Menschen, die bereit sind, die schwierigen Gespräche mit dir zu führen. Menschen, die ehrlich zu dir sind, über die guten Dinge und auch die schlechten. Wähle Menschen, die dir helfen zu wachsen und dich weiterzuentwickeln. Wähle Menschen, die dir sagen, was los ist und dich nicht fragend zurücklassen. Wähle Menschen, die sich Zeit für dich nehmen und für die du dir auch Zeit nimmst, die dich aber auch daran erinnern, wann es Zeit ist, dich für dich selbst zu entscheiden.

Wo es Freude gibt,
gibt es auch Leid.
Manchmal musst du
durch den Winter,
um die Blüte des Frühlings
schätzen zu lernen.

Das Licht in der Dunkelheit — Wir alle wissen, dass es kein Licht geben kann, ohne dass es auch Schatten gibt. Wenn du also in der Vergangenheit Schlechtes getan hast, wenn du Fehler begangen hast, wenn du manchmal schreckliche Gedanken hast – schäme dich nicht. Es geht uns allen so, es ist ein Teil des Menschseins. Es spielt keine Rolle, was du in der Vergangenheit getan hast, solange du bereit bist, daraus zu lernen und entschlossen bist, sie nicht zu wiederholen. Es geht nicht darum, nie Fehler zu machen, sondern darum, wie du mit ihnen umgehst. Es kommt nicht darauf an, nur gute Gedanken zu haben, es kommt darauf an, nach welchen Gedanken du dich zu handeln entscheidest. Es gibt Licht und Dunkelheit, Gutes und Schlechtes in jedem von uns, und dies ist kein Grund zur Sorge. Denn selbst wenn wir Dunkelheit in uns tragen, können wir ein Licht für andere und für uns selbst sein. Ohne die Dunkelheit, gegen die wir ankämpfen müssen, wären wir nicht einmal in der Lage, das Licht zu erkennen. Und was wäre das für eine Welt, in der niemand von uns jemals in den dunkelsten und kältesten Nächten draußen gesessen hat, um die Sterne leuchten zu sehen?

Schließe Frieden mit
deiner Vergangenheit
oder du wirst im
Krieg mit deiner
Zukunft stehen.

Der Ausblick vom Tiefpunkt — Es hat was Beruhigendes, den Tiefpunkt zu erreichen. Zu wissen, dass man gefallen ist und nicht mehr weiter fallen kann. Es gibt einem eine gewisse Macht, zu wissen, dass man das Schlimmste erlebt und das überlebt hat. Es ist die Art von Stärke, um die man nicht bittet. Die Art von Weisheit, die nicht jeder verstehen wird. Augen, die im Dunkeln sehen können. Hände, die wissen, wie sie sich selbst Halt geben können. Ein Herz, das mit jeder Wunde weicher wird, weil es auf die harte Tour gelernt hat, dass nur weiche Dinge nach einem Sturz ganz bleiben. Haut, der Dinge, die Spuren hinterlassen, nicht fremd sind. Haut, die geliebt worden ist. Haut, die verletzt worden ist. Haut, die inneren Schmerz nach außen hin sichtbar gemacht hat. Haut, die gelebt hat und die deshalb so schön ist. Und du kannst die Dinge, die dir widerfahren sind, nicht ändern, und du musst nicht dankbar für sie sein. Aber es hat schon was für sich, durch die Hölle zu gehen und es wieder zurückzuschaffen. Und wenn es etwas auf dieser Welt gibt, dann ist es eine seltsame Art von Gleichgewicht – je tiefer deine Tiefs, desto höher deine Hochs. Wenn du gefallen bist, dann wirst du auch fliegen.

Sie haben dich Stück für Stück gebrochen,
warum erwartest du von dir selbst,
dass du dich ganz auf einmal
wieder zusammensetzt?

Der Himmel entschuldigt sich nicht für seine Launen — für seine wechselnden Farben, für das Grau und nicht für den Regen. Denn jeder weiß, dass der Himmel nicht immer blau sein kann, dass es Tag und dass es Nacht geben muss. Und ich frage mich, warum ich von mir selbst erwarte, immer zu strahlen, mich nie zu verstecken, mich nie ausruhen zu lassen? Warum ich von mir erwarte, immerwährend gleich zu sein? Wieso Kummer und Trauer als etwas Schlechtes gesehen werden und nicht als etwas, das zum Leben gehört, so wie Wolken, die an der Sonne vorbeiziehen – hier und dann weg? Und dennoch immer der Liebe würdig, egal wie er aussieht, egal wie viel er heute zu geben vermag. Der Himmel entschuldigt sich nicht für seine Launen, seine Nuancen, seine Schattierungen und so werde auch ich es nicht tun. Ich verändere mich wie der Himmel, nicht immer sonnig, aber immer den Anblick wert.

Sie findet stets
den Weg ans Licht,
golden bei Tag,
silbern bei Nacht.

Die schlimmsten aller Zeiten — bringen das Beste in uns zum Vorschein. Ich denke, jede schlechte Situation kann auch eine Chance sein, eine Chance uns neu auszurichten, eine neue Perspektive zu bekommen, zu erkennen, was wirklich wichtig ist und dafür zu kämpfen – eine Chance für Veränderung. Mit „das Beste" meine ich nicht still, meine ich nicht gehorsam, meine ich nicht, dass du Dinge akzeptieren musst, die du nicht akzeptieren müssen solltest. Was ich meine mit „das Beste" ist, dass es eine Chance ist zusammenzukommen, sich umeinander zu kümmern und zu unterstützen, um mit Empathie voranzugehen, aber auch sich Gehör zu verschaffen – sag, was du sagen musst, erkenne die Macht, die jeder Einzelne von uns besitzt und die sich nur vervielfacht, wenn wir zusammenstehen. Was ich meine mit „das Beste" ist, dafür zu kämpfen, wofür es sich zu kämpfen lohnt, auch wenn es aussichtslos erscheinen mag.

Ich bin die Welle
und das Ufer,
ich verlasse und
werde verlassen,
ich verabschiede mich und
will doch eigentlich bleiben.

Liebe sieht dich — in deinen höchsten Höhen und deinen tiefsten Tiefen. Sie wird dich in deinen besten und deinen schlechtesten Zeiten sehen, in deiner Verletzlichkeit und in deiner Stärke. Sie wird deine Zusammenbrüche sehen und sie wird deine Triumphe sehen. Die Liebe wird durch jeden Teil deines Lebens und dich hindurchsehen. Sie wird dich herausfordern und dich stützen. Und wenn sie sieht, was du eigentlich versuchst zu verstecken, und doch bleibt sie, und doch wächst sie, wirst du wissen, dass sie wahr ist. Denn wahre Liebe ist nie blind, sie sieht jedes Bruchstück von dir und schließt sie alle in ihre Arme.

Heilige der Einsamkeit — Ich möchte ein Baum sein, der seine letzten Beeren des Winters den Vögeln überlässt, wenn alles andere zugefroren und vom Schnee bedeckt liegt. Ich möchte eine Bank in der Mitte der Steigung eines Berges sein. Ich möchte ein kleines Café in einer sonst leeren Bahnhofsstation spät abends sein. Ich möchte eine sichere Zuflucht, ein warmer Trost für die Einsamen dieser Welt sein. Ich möchte deine Narben halten und dir sagen, dass sie wunderschön sind. Und ich möchte, dass du es nicht nur hörst, sondern es auch glaubst.

Es wird Zeit,
dass wir diesen
Schmerz endlich
begraben,
weil eigentlich
ist es ganz egal,
wo du bist,
wenn du dich
selbst genug liebst,
wirst du immer
ein Zuhause haben.

Wie das Universum — war sie sowohl dunkel als auch voller Licht. Ein Fixstern, der dich leitet und sich doch immer auf andere Weise enthüllt. Deine Lieblingsstadt, die ständig weiterwächst, aber nie ihre Vertrautheit verliert. Eine Straße, die dich nach Hause führt, aber nicht ohne Überraschungen auf dem Weg. Stolz zeigt sie ihre Vergangenheit, während sie ihre Gegenwart lebt und dir flüchtige Blicke in die Zukunft gewährt. Ein bevorstehendes Abenteuer, ein Wunder, das es noch zu entdecken gilt, ein Rätsel, das sich in deinen Händen verwickelt. Ein Himmelskörper, der sich danach sehnt, gesehen zu werden, berührt zu werden, sich denen zu offenbaren, die es wagen zu versuchen, sie zu verstehen. Eine Stille so laut, eine Kraft so rein. Chaos und Schönheit, Energie und Frieden, die Gewalt eines Dinges, das weiß, wie es sein Licht sogar in der Dunkelheit bewahren kann. So komplex, dass sie schwer zu erklären war und doch so simpel, dass man sie tief im Innern immer spüren konnte, ohne zu wissen, wie oder warum.

Wir zerreißen uns selbst,
um Sonne und Mond,
Himmel und Meer,
wild und gezähmt,
Geliebte und Heilige,
um Frau und frei
zu sein.

Manchmal stelle ich mir Menschen gerne als Puzzles vor — Jeder für sich komplett. Alle Teile bereits vorhanden. Doch manchmal brauchen wir eine andere Person, die kommt und dem Ganzen einen Sinn gibt. Manche werden die Geduld dazu nicht haben und werden aufgeben. Andere werden einfach nicht verstehen, wie alle Teile zusammenpassen. Aber es wird eine Person geben, die Ordnung in dein Chaos bringt. Jemand, der all deine Teile auf die richtige Weise zusammenfügt, der dich so sieht, wie du bist. Jemand, der dich sowohl im Ganzen als auch in deinen Stücken lieben wird.

Auch wenn dein Herz gerade schmerzt,
wenn du an vergangene Liebe denkst,
so sei gewiss, tief in dir drin
wohnt die Kraft, um neu zu beginn.
Denn auch wenn die Liebe vergeht und geht,
gibt es immer mehr, was das Leben versteht.
Hab keine Angst und zweifle nicht,
dein Herz wird neu lieben, das ist seine Pflicht.

Lass uns wie die Eintagsfliegen sein,
die mit dem Aufgang der Sonne
geboren werden und
sterben, bevor das Licht es tut.
Sie kennen keine Dunkelheit.
Wie sie, lass uns aus unserem
Leben einen Tag machen,
nicht wissend, dass es
vor und nach uns Nacht ist.
Wie sie, für die kurze
Zeit, die wir haben,
lass uns nur Sonnenschein kennen.

Du kannst Menschen nicht lieben, ohne sie zu brauchen —
Ich hatte immer das Gefühl, dass ich allen etwas zu beweisen habe, vor allem aber auch mir selbst. Dass ich zeigen muss, wie gut ich die Dinge allein bewältigen kann, auch wenn das gar nicht nötig wäre. Ich glaubte, dass das wahre Stärke ist – nie jemanden zu brauchen, immer Antworten zu haben und bei all dem nichts zu fühlen. Ich erkannte nicht, dass wahrer Mut darin besteht, sich zu öffnen und sich zu zeigen, ganz und gar so wie man ist. Ich erkannte nicht, dass man, um eine echte Bindung zu jemandem aufzubauen, denjenigen auch an sich heranlassen muss, dass man auch Hilfe zulassen muss. Dass Menschsein bedeutet, einander zu brauchen und durchaus auch abhängig zu sein. Dass es bedeutet, sich auch mal schwach zu zeigen. Vielleicht gibt es nichts Beängstigenderes und doch auch Schöneres als das – Menschen, die sich wie ein Zuhause anfühlen, zu denen man kommt und seine Rüstung ablegt, von denen man gesehen und verstanden wird, so wie man ist.

Ich weiß nicht,
was ich mit all dem
Verlangen in mir
machen soll,
wo ich all diese
Liebe, die überläuft
und hinausschwappt,
hintun kann
mit niemandem da,
dem ich sie geben könnte.

Bis du es nicht versuchst, wirst du es nie wissen — Es gibt nur wenige Dinge, in denen du sofort gut sein wirst. Die meisten brauchen Übung, brauchen Erfahrung, brauchen Zeit, bis wir lernen, sie zu meistern – wenn überhaupt. Du wirst fallen, stolpern und scheitern auf deinem Weg zum Erfolg, und auch wenn du glaubst, schon dort zu sein, findest du dich manchmal doch wieder am Boden. So weniges im Leben verläuft auf einer geraden Linie, oft drehst du dich im Kreis, betrittst falsch Pfade, nimmst Umwege auf dich. Es gibt immer mehr, dass es zu lernen und zu verbessern gilt. Aber lass dich das nicht zur Verzweiflung bringen, vielmehr sehe es als ein Zeichen, dass es immer noch mehr Dinge zu entdecken gibt – mehr Magie, mehr Wunder, mehr Hoffnung und mehr Liebe. Wir fallen in der Hoffnung eines Tages zu fliegen, doch bis dahin lerne auch Freude am Fall zu finden, lerne die Aussicht zu genießen, wo auch immer du gerade bist.

Du hast in mein Herz hineingegriffen
und dort Samen gepflanzt.
Du warst weg, bevor du
sie blühen sehen konntest,
doch ich hoffe, du weißt,
dass du diese Einöde in
einen Garten verwandelt hast.
Ich hoffe, du weißt,
dass du für jemanden irgendwo
einen Unterschied gemacht hast.

Blick nach vorne — Es ist so schnell passiert, dass man sich in seinen Gedanken, seinen Fehlern, in all dem, was man bereut, verliert. Und plötzlich siehst du nur noch die schlechten Dinge, die du getan hast, die Menschen, die du verletzt hast. Du siehst all das und redest dir ein, dass du nichts Gutes verdient hast. Aber die Wahrheit ist, dass wir alle Dinge getan haben, auf die wir nicht stolz sind. Und die Tatsache, dass dir bewusst ist, dass du manche Dinge hättest anderes tun können, zeigt doch schon, wie sehr du über dich und deine Fehler hinausgewachsen bist. Was passiert ist, ist passiert. Es kommt nicht darauf an, was war, sondern darauf, was du jetzt noch machen wirst. Es kommt darauf an, dich für Liebe und Mitgefühl zu entscheiden, sei es gegenüber anderen oder gegenüber dir selbst. Egal wie deine Vergangenheit aussieht, egal mit welchen Geistern du zu kämpfen hast, es gibt ein Leben, das auf dich wartet und das es wert ist, gelebt zu werden. Ein Leben, das nicht perfekt sein wird, aber dennoch ein Leben, das mit Momenten der Zuneigung, Schönheit und Freude gefüllt ist – die Art von Leben, die du verdienst, und lass dir von niemandem etwas anderes sagen, insbesondere nicht von dir selbst. Lass es nicht deine eigenen Hände sein, die dich zurückhalten. Wenn Wellen auf dich zukommen, dann schwimm. Wenn die Luft dich trägt, dann lass dich fallen. Wenn das Leben dich ansieht, halte seinem Blick stand und gehe im entgegen. Und wenn eine gute Sache vor dir liegt, sei mutig genug, nach ihr zu greifen.

Manchmal war sie wie ein Rätsel,
schwer zu fassen und zu verstehen,
doch um ihre Wärme zu spüren,
musste sie nicht entschlüsselt werden,
denn sie war schon immer
für die Liebe bestimmt.

Zwei der gleichen Art — Ein Seelenverwandter ist jemand, der es keiner Erklärung bedarf. Der genau weiß, was du meinst, weil deren Verstand auf die gleiche Weise funktioniert wie deiner. Deren Herz genauso fühlt wie deines und ihr Farben mit der gleichen Intensität seht. In einem anderen Leben wärt ihr vielleicht die zwei Flügel eines Lungenpaares gewesen. Eine rechte Hand und eine linke. Ein Paar Augen. Immer fühlend, was der andere gerade versucht zu tun, kommunizierend ganz ohne Worte. Zwei getrennte Wesen und doch auch eins. Ein Seelenverwandter ist jemand, der dich versteht, wie nur du dich selbst verstehst. Denn ihn zu kennen, ist wie sich selbst zu kennen.

Sei tapfer Liebes,
schau deiner Angst ins Gesicht.
Was du für das Ende gehalten hast,
waren nur Wolken vor dem Licht.
Der Schmerz, der du dachtest sei auf Dauer,
war nur ein kurzer Regenschauer.
Sei tapfer Liebes,
lass deine Angst los.
Was du für dein Schicksal hieltst mit Sicherheit,
war nur eine weitere wechselnde Jahreszeit.
Was du dachtest, gehöre zu dir und bleibt hier,
war nur ein durchreisender Passagier.
Sei tapfer Liebes,
es gibt nichts mehr zu fürchten.
Der Himmel wird sich bald lichten,
das Glück sich stapeln in Schichten.
Nun schließe deine Augen,
spüre die Sonne aufgehen,
es wird Zeit aufzustehen.
Sieh ein neues Leben, das beginnt,
die Angst weht fort mit dem Wind.
Genieß die Früchte dieses Sieges,
denn du warst so tapfer, mein Liebes.

Erinnerst du dich, wie Mutter sagte — es gäbe kein schlechtes Wetter, nur unpassende Kleidung? Und vielleicht ist das auch schon alles, was das Leben ist. Eine Abfolge von sonnigen und grauen Tagen, von Hitzewellen und Stürmen, Überschwemmungen und Dürreperioden. Und wir können die Gezeiten nicht aufhalten oder die Wolken kontrollieren, wir können uns nur entsprechend kleiden. Manche Tage werden mehr Schutz erfordern als andere. An diesen Tagen wirst du Zuflucht suchen, dich in Schichten und Lagen hüllen. Du wirst Menschen nicht an dich ranlassen, du wirst sie dich nicht erkennen lassen. An anderen Tagen wirst du mutiger sein. Du wirst einige Schichten ablegen. Du wirst Menschen näher an dich herankommen lassen, ohne Hindernisse, ohne Angst. Was ich eigentlich damit sagen will, ist dass es eine Zeit für Vorsicht gibt und eine Zeit für fast schon leichtsinnigen Mut. Aber Sonnencreme ist immer eine gute Idee. Du musst dich nie verbrennen lassen – nicht von der Sonne und nicht von der Liebe.

Die Liebe beschuldigt
dich nie dafür,
dass es so lange gedauert hat,
bis du sie in die Arme
geschlossen hast.
Sie ist bloß glücklich,
dass du es endlich getan hast.
Sie nimmt dich an die Hand und sagt:
„Willkommen,
wir haben so viel verlorene
Zeit wiedergutzumachen."

Dunkle Materie — Der Großteil des Universums besteht aus Dingen, die wir nicht sehen können. Dinge, die im Dunkeln bleiben. All das, was wir sehen und wahrnehmen, sind die kleinen Bruchstücke, die aus Galaxien, Planeten und Sternen bestehen. Wenn du also dein eigenes Leben betrachtest und dich verloren fühlst, als gäbe es keinen Ort, an den du gehörst, als gäbe es niemanden, der dich versteht, als würdest du dich niemals wieder glücklich fühlen können, denk daran, dass all das, was du siehst, nur ein kleiner Teil der Welt ist und es da draußen so viel mehr gibt. Du sollst wissen, dass du irgendwo Menschen finden wirst, die dich genau so nehmen, wie du bist, dass es irgendwo einen Ort gibt, den du Zuhause nennen wirst. Und du sollst wissen, dass es sich immer lohnt, weiterzumachen, und sei es nur für all die Dinge, die es noch zu entdecken gibt – all die Städte und Bücherläden, all die Lieder und Gemälde, all die Erinnerungen, die du noch machen wirst. Es gibt noch so vieles da draußen, das darauf wartet, von dir geliebt zu werden, noch so vieles da draußen, das darauf wartet, dich zurück zu lieben.

Das Herz in mir
schlägt Fragen und
deine Augen haben
all die Antworten.

An meiner Seite — Ich wünschte, es gäbe jemanden, der alles mit mir durchgemacht hat. Der erkennen könnte, was es gekostet hat, um an den Ort zu gelangen, an dem ich jetzt bin. Der das Wachstum und den Schmerz nachvollziehen könnte, der damit einhergeht. Der verstehen würde, was ich hinter mir lassen musste. Wo ich hinmöchte, trotz dessen, wer ich mal war, trotz dessen, was alle dachten aus mir werden würde. Ich möchte, dass alle sehen, wozu ich fähig bin. Wie ich mal ganz oben war, dann gefallen bin und jetzt trotzdem aufrecht stehe. Ich sehne mich danach, nicht für das gesehen zu werden, was ich bin, sondern für die Person, die ich geworden bin.

Er hüllte mich in Liebe,
weil ich darin immer
am besten aussah.

Sommermelancholie — Der Sommer kann sich auf seltsame Weise melancholisch anfühlen, aber dann gibt es Tage, die man mit Freunden, einem Buch oder einfach allein spazierend draußen verbringt. Tage, an denen du die Sonne überall auf deinem Körper spürst, als ob sie mit ihren Strahlen einfach in dich hineingreifen und alles bedecken könnte, selbst die Teile von dir, die noch nie das Licht gesehen haben – nichts lässt sie unberührt. Tage, an denen das Leben einfach nur gut ist, weil du merkst, dass du nicht viel mehr brauchst als ein Sommerkleid, gute Gesellschaft und eine leichte Brise. Tage, an denen das Leben so einfach ist und damit erscheint dir auch das Glück, einfach zu sein. Diese Tage sind flüchtig wie der Sommer selbst. Du kannst sie nicht wirklich festhalten, wie die Sonne, kannst du sie nur spüren. Aber wenn du sie spürst, ist es gut, so so gut.

Sie ist die freigesetzte Energie,
wenn Sterne sterben und Planeten
in sich zusammenfallen.
Die Energie, die sich am
Himmel vor einem Gewitter sammelt,
ein Blitz kurz vor dem Einschlagen.
Sie ist die unberechenbare
Schönheit in einer Welt kurz
vor dem Zusammenbrechen.

Weitergabe — Wenn die Zeit meinen Körper in einen Garten verwandelt, hoffe ich, dass etwas bleibt. Ich hoffe, dass wenn die Gänseblümchen wachsen, sie von den Gebeten wissen. Und wenn ein zwölfjähriges Mädchen kommt und eines auf ihrem Weg nach Hause von der Schule pflückt und die Frage stellt, die sie glaubt, am wichtigsten ist, werde ich ihr stattdessen von all den Menschen erzählen, die sie wirklich lieben. Und ich werde ihr sagen, dass das Leben sich gerade so gewaltig groß anfühlt, aber dass das meiste von keiner Bedeutung mehr sein wird, wenn sie groß ist – bis auf die Freude, die Freundschaften, die Zeit, die sie mit der Familie verbringt. Und wenn jemand sie in der Zukunft liebt, wird sie nicht nach Zeichen Ausschau halten müssen, denn sie werden es ihr von ganz alleine sagen.

Sich verlieben und entlieben — Du wirst Momente haben, in denen du mich nicht liebst, und das viele Male. Und es wird keine Rolle spielen. Wir sind keine perfekten Menschen, aber wir sind so echt, wie diese Liebe es ist. Ich möchte nicht, dass du in jedem einzelnen Moment unfassbar verliebt in mich und alles, was ich tue oder sage, bist. Was ich möchte, ist, dass du dich für mich entscheidest. Auch wenn du wütend, traurig, müde oder frustriert von mir bist, dass du trotzdem am Ende des Tages sagst: „Du. Ich weiß nicht immer, wie oder warum, aber du bist es. Eintausendmal du.“

Du kannst deine Wurzeln nicht ändern,
aber du kannst die Orte wählen,
denen du entgegenwächst,
die Hände, nach denen du greifst,
die Menschen, für die dein Herz schlägt.
Auch wenn deine Vergangenheit rau war,
kann deine Zukunft immer noch etwas Sanftes sein,
etwas, dass noch so viel mehr vor sich
als hinter sich hat.

Ich habe es freigelassen und es kam zu mir zurück — Ich glaube ehrlich, dass alles Gute, das man tut, in irgendeiner Weise zu einem zurückkommt. Vielleicht nicht auf direktem Wege. Vielleicht auf eine sehr unerwartete Weise, aber es kommt zurück. Die Liebe und das Mitgefühl, die du jemandem entgegenbringst, werden vielleicht nicht von derselben Person, am selben Tag oder am selben Ort erwidert. Doch alles ist ein Spiegelbild von uns, von unseren Handlungen, unseren Absichten. Die Liebe, die du gibst, wird einen Weg zu dir zurückfinden, in dem Moment, in dem du sie am meisten brauchst. Gut zu sein ist nie eine Verschwendung. Daran musst du glauben.

Sie ist eine
ruhige Frau,
doch die
stärksten Stürme
kündigen sich
selten mit
Donner an.

Wenn mein Herz wie der Ozean ist — dann bist du der Einzige, den ich bei Ebbe hineinlasse. Ich bitte dich hinein. Lasse dich durch die Tiefen bis auf den Grund hinunterblicken. Alles liegt offen vor dir, unbedeckt. Ich lasse dich sehen, was sonst unter den Wassermassen verborgen liegt. Ich lasse dich die Skelette sehen, die Überreste vergangener Tage, die schlimmen Dinge, die ich getan habe, die, die ich bereue und die, über die ich nicht spreche – das Schlimmste von mir. Ich lasse dich die Korallen sehen, den Bernstein, meine Schätze, die Momente des Glücks und die des Stolzes – das Beste von mir. Ich lasse dich sogar die Muscheln öffnen, meine bestgehüteten Geheimnisse, und ich lasse dich einen Blick auf die Perlen werfen. Ich teile sie mit dir, lasse dich sie mitnehmen, lasse einen Teil von mir zu einem Teil von dir werden. Ich lasse dich jedes Fragment von mir sehen. Und wenn die Flut kommt, bete ich, dass du bleibst. Dass du keine Angst hast vor dem, was du gesehen hast. Ich bete, dass du verstehst, dass ich dich niemals ertrinken lassen würde. Dass ich dich immer hoch über dem Wasser tragen werde. Ich bete, dass du bereit für alles bist, das kommt, für die Höhen und die Tiefen. Ich bete, dass du keine Angst vor dem Wasser hast.

Lass nicht zu, dass die Angst
dich lähmt oder Zweifel dich bremsen.
Glaub an dich selbst und du wirst sehen,
der Himmel ist weit und groß
und wer wagt, der gewinnt und fliegt los.

Wir alle sagen, dass wir Liebe wollen — aber zu oft haben wir Angst, sie zu ergreifen, wenn sich die Chance dazu bietet. Jemanden aus der Ferne zu lieben, heimlich und sicher, ist die eine Sache, aber sich tatsächlich auf jemanden einzulassen, ist eine ganz andere. Liebe erfordert Verletzlichkeit. Sie erfordert sich zu öffnen, seine Gedanken zu teilen, seine Träume, Ängste und Frustrationen zu äußern. All das fällt vielen von uns schwer und macht uns Angst. Aber auch wenn du schon einmal verletzt und gebrochen wurdest, auch wenn nicht jeder seine Versprechen eingehalten hat, trotz alledem musst du lernen, wieder zu vertrauen. Liebe ist die sanfteste Art von Tapferkeit. Wenn dich also jemand lieben möchte, sei bitte mutig genug, es zuzulassen.

Ruhige Momente — Ich hoffe, dass du Hoffnung in den Pausen, den Unterbrechungen, den Sackgassen und den Umwegen finden kannst. Ich hoffe, du erkennst, dass jeder leere Raum die Möglichkeit für ein völlig neues Leben enthält. Ich hoffe, du kannst Frieden in der Stille finden. Und dort, wo es noch keine gepflasterte Straße gibt, die dich führen könnte, hoffe ich, dass du dir deinen eigenen Weg erschaffen kannst.

Sie hat gelernt, unter unnachgiebigen
Bedingungen zu überleben,
denn sie wusste, dass niemand
einem Sturm entkommen kann,
um ihn zu überleben, muss
man selbst zu einem werden.
Aber sie lernte auch, dass
Stärke mehr bedeutet als Zerstörung,
Liebe mehr als Ruinen zu hinterlassen.
Sie war das Auge eines Sturms,
friedlich und sanft,
sonnig und gefasst.
Während alles um sie herum
auseinanderfiel, stand
sie immer noch in all
ihrer sanften Wildheit, in ihrer
chaotischen, ungebrochenen Schönheit.

Du kamst und du hast nicht versucht — meine Risse abzudecken oder sie unsichtbar zu machen. Du kamst und hast sie golden angemalt. Du hast sie in etwas verwandelt, was das Licht anzieht, anstatt es zu verstecken. Du kamst und zeigtest mir, dass es keine Schande gibt in unserer Vergangenheit, in unserem Versagen, unserem Schmerz. Dass all unsere dunklen Seiten heilen können, dass sie in etwas Schönes verwandelt werden können, wenn wir nur das Sonnenlicht über sie fließen lassen, wenn wir ihnen nur Wärme zeigen. Du kamst und hast mich zusammengeliebt.

Wir sind nicht gleich und das ist auch gut so — Wenn ich eins gelernt habe, dann, dass es keinen anderen Weg gibt, wirklich glücklich zu sein, als komplett man selbst zu sein, sei es in einer festen Beziehung oder wenn man gerade erst jemanden frisch kennenlernt. Es gibt einen Unterschied zwischen sich für etwas interessieren, weil man weiß, dass man der anderen Person damit eine Freude macht und man sie unterstützen möchte und zwischen so zu tun, als ob man die gleichen Dinge mag und braucht nur damit man lässig wirkt und der andere einen mag. Es ist wichtig, Kompromisse einzugehen und sich gegenseitig in sein Leben einzubinden, aber bleib dir dabei immer auch selbst treu, hab deine eigenen Leidenschaften, kommuniziere, was es ist, das du brauchst – denn vielleicht ist es etwas anderes, als die andere Person es tut. Und denk daran, es ist völlig in Ordnung, unterschiedliche Interessen und Meinungen zu haben. Seit offen, bleibt neugierig und lernt voneinander. Entwickelt euch weiter und verändert euch aber unter euren eigenen Bedingungen und nicht um den Willen der anderen Person.

Das Leben spricht in Zeichen zu uns,
versteckt in jedem Winkel und allen Ecken,
manchmal nah und manchmal fern,
doch wer sucht, wird sie am Ende erkennen.

Ich hoffe,
es gibt eine Liebe,
die alles gesehen hat
und sich trotzdem dazu
entscheidet zu bleiben.

Einstige Freunde — Ich sehe Traurigkeit nicht mehr als meine beste Freundin an, und ich vermisse sie auch nicht, wenn sie weg ist. Jetzt ist sie eher so was wie eine alte Freundin. Jemand, mit dem ich einst viele Tage verbracht habe. Wochen und Jahre, in denen wir uns fast jeden Tag gesehen haben. Aber inzwischen habe ich aufgehört anzurufen. Ich habe aufgehört, sie zu bitten, mich zu besuchen, wenn ich mich einsam fühle. Ab und zu laufen wir uns noch über den Weg, aber ich tue nicht so, als würde ich sie nicht sehen. Ich grüße sie. Setze mich zu ihr. Höre zu, was sie mir zu sagen hat. Ich traue mich nicht, ihr zu sagen, dass es mir besser geht, seit wir uns seltener sehen (auch Traurigkeit hat ein Herz und ich habe nicht vor, es zu brechen). Stattdessen genieße ich ihre Gesellschaft, die sich immer vertraut anfühlen wird. Ich denke an die Tage, als wir uns in- und auswendig kannten und ich überzeugt davon war, dass sie mich besser machte – zu einer besseren Schriftstellerin, einer besseren Zuhörerin, einer besseren Freundin. Und ich glaube nicht, dass sie jemals böse Absichten hatte, aber Traurigkeit sollte eine Reisende sein, ein Gast, eine Passagierin, ein flüchtiger Moment im Leben. Und ich wusste damals nie, wie ich mich von jemandem verabschieden soll, der mir ein Zuhause anbietet. Doch heute weiß ich, wann es Zeit ist zu gehen und der Abschied fällt mir leicht. Wir bezahlen die Rechnung separat und gehen unsere getrennten Wege. Ich habe noch andere Freunde, die ich gerne sehen möchte.

Flammen und Glut — Ich glaube nicht, dass es das Ziel ist, feuerfest zu werden. Immer und immer wieder durchs Feuer zu gehen. An einem Ort zu bleiben, der dich in Brand setzt und zu lernen, keinen Schmerz dabei zu empfinden. Ich denke, das Ziel ist es, zu wissen, wann man weglaufen und wann man bleiben sollte. Zu wissen, welches Feuer Wärme und welches Zerstörung bringt. Hör zu, du musst dich nicht niederbrennen lassen, nur um deine Stärke zu beweisen.

Um ehrlich zu sein,
ist der Regen immer noch da,
doch ich beginne langsam
auch die Sonne hineinzulassen.

Wie das Meer — ist sie wild und sanft zugleich. Mit genug Macht, um die Schiffe derer zu zerstören, die sie nur benutzten, um von einem Ort zum anderen zu gelangen. Mit genug Kraft, um diejenigen hochzuheben, die ihre Abgründe gesehen hatten und dennoch keine Angst vor dem Wasser hatten, die sich dazu entschieden zu bleiben, die sich dazu entschieden, noch tiefer zu tauchen. Und doch auch sanft genug, um sich vom Wind und der Strömung zu neuen Abenteuern und neuen Lieben, die noch bedeutender waren als die vorherigen, treiben zu lassen. So wunderschön, dass sich jeder danach sehnte, in ihrer Gegenwart zu sein, sich in ihren Wellen zu spiegeln. Denn sie hatte eine Art an sich, jeden zum Strahlen zu bringen. Wie das Meer war sie wild und doch auch sanft, und schön, so gefährlich schön. Fähig zu beidem, dich zu brechen und dich zu heilen.

Und ich werde mein
eigenes Zuhause sein
wie die Erde,
werde Blumen und
Bäume pflanzen,
meine Gründe pflegen,
lasse mein Inneres
zum Leben erwecken.

Ich bin eine Frage und du bist die Antwort — Zu oft fühlen sich die Dinge unklar und unsicher an, Zweifel kommen in mir auf. Ich frage mich, ob ich den richtigen Weg eingeschlagen habe, ob es wirklich das ist, was ich will und was ich brauche. Manchmal frage ich mich, ob es da draußen vielleicht noch etwas mehr gibt. Ich fühle mich zwar gut, aber könnte ich mich noch besser fühlen? Mein Verstand war schon immer ein Versammlungsort für „was wäre wenns". Doch als ich dich ansah, als ich dich ansah, da wusste ich es einfach. Und ich war mir noch nie in meinem Leben so sicher gewesen. Denn an den meisten Tagen bin ich eine Frage und du bist die Antwort.

Lass dein Herz
sanft bleiben,
was sanft ist,
das bricht nicht.

Wofür wir hier sind — Wir sind nicht hier, um die Schönheit anderer zu kopieren. Wir sind nicht hier, um alle die gleiche Person mit den gleichen Gesichtern, den gleichen Körpern, den gleichen Kleidern, die wir tragen und den gleichen Dingen, die wir lieben zu werden. Wir sind nicht hier, um uns vor der Sonne und dem Regen zu verstecken aus Angst davor, was es mit unserer Haut und unseren Haaren macht. Wir sind nicht hier, um uns jegliche Freude, Individualität oder Essen vorzuenthalten. Wir sind hier, um zu tanzen, wo auch immer wir gerade sind. Wir sind hier, um zum Himmel, zu den Sternen, zum fernen Horizont über den Bergen und dem Meer zu blicken. Und vor allem sind wir hier, um zu lieben – andere, den Ort, den wir Zuhause nennen, die Vögel, die Dinge, die unseren Körper und unseren Geist glücklich machen und uns selbst – nicht erst in ein paar Wochen oder Monaten oder gar Jahren. Nicht erst dann, wenn wir das, was uns an uns selbst nicht gefällt, verändert haben. Nicht erst dann, wenn uns jemand anderes zeigt, dass wir es wert sind. Nicht erst dann, wenn es einfach ist, sondern gerade jetzt. Mach das Beste aus den Tagen, solange die Musik spielt.

Du bist schon längst weg
und ich bleib noch bisschen hier.
Nur noch einen Moment, um mich zu
verabschieden von allem,
was wir waren und allem,
was wir hätten sein können.
Ich dachte wohl einfach,
es würde anders enden und
wir würden auf ewig hierbleiben.
Ich dachte wohl einfach,
„für immer" würde länger währen.

All die Dinge, an denen du festhältst — Die Worte, die du nie gesagt hast und dir wünschst, du hättest, die düsteren Gedanken, von denen niemand weiß, die schlechten Dingen, die du getan, aber nie jemandem erzählt hast, die Dinge, die du dir insgeheim wünschst, aber nicht laut auszusprechen wagst – all diese Dinge, an denen du festhältst, machen dein Herz so schwer. Kein Wunder lastet an manchen Tagen das Leben auf dir wie eine Bürde, die du kaum anheben kannst. Du musst dich befreien. Sag die Worte, die du Angst hast, laut auszusprechen. Lass los, was hätte sein können und was du dir wünschst, wäre anders gelaufen. Die Vergangenheit lässt sich nicht mehr ändern. Leg die Last ab und lass los. Und du wirst merken, dass atmen dir nicht mehr so schwerfällt wie einst.

Schau, was wir alles durchgemacht haben,
den Herzschmerz, die Liebe, die Hürden,
Menschen sind gekommen und gegangen.
Du und ich, wir haben uns auch verändert.
Und vielleicht hat sich alles verändert,
doch ein Teil von mir hofft noch immer,
dass etwas bleibt. Dass es vielleicht einfacher war,
uns gegenseitig zurückzulassen, aber
dass du immer noch in den Gängen
meines Labyrinth Herzens umherwanderst
und den Weg hinaus nicht finden kannst.

ÜBER DIE AUTORIN

NAIAD — Als Kind einer multikulturellen Familie war Naiad schon immer von den Widersprüchen und Vielfalt in uns allen fasziniert. Indem sie über das Gute, das Schlechte und alles, was dazwischen liegt, schreibt, glaubt sie, dass die wichtigsten Dinge in den kleinen und gewöhnlichen Momenten des alltäglichen Lebens zu finden sind. Neben dem Schreiben hat sie ein starkes Interesse an Film, Literatur, Geschichte und dem Nachdenken über die kleinen und großen Mysterien des Lebens. Nun freut sie sich, ihr erstes eigenes Buch in ihr überfülltes Bücherregal stellen zu können und ist unendlich dankbar, dass auch du Platz dafür gemacht hast.

Scanne den Code, um mehr über Naiad zu erfahren:

Mehr Bücher von
THE POETICS PUBLISHING

Was von uns übrig ist
Shreya Maurya

Der Anfang ist nah
Evenfall

Kugeln und Silberstreifen
Lorelei

Printed in Poland
by Amazon Fulfillment
Poland Sp. z o.o., Wrocław

26318808R00069